SingLiesel

Satz: Satz für Satz, Wangen im Allgäu

Druck: FINIDR, s.r.o.
Printed in Czech Republic

ISBN 978-3-944360-62-1

4. Auflage

www.singliesel.de

Bildnachweise:
Blumen: Gizele/Shutterstock.com
Cover-Foto: Ljupco Smokovski/Shutterstock.com

Natali Mallek – Annika Schneider

GESCHICHTEN ZUM VORLESEN UND MITSINGEN

Inhalt

Inhalt

Liebeslieder

Herbstlieder

Winter- und Weihnachtslieder

Einführung

Die folgenden Geschichten ranken sich um Lieder, die der älteren Generation wohlvertraut sind und die früher sehr häufig gesungen wurden. Die Lieder wecken Erinnerungen an die Zeit der Jugend, an Feste und Geselligkeit.

Lesen Sie die folgenden Liedergeschichten in der Gruppe laut vor. Sprechen Sie dabei deutlich und suchen Sie den Blickkontakt zu ihren Zuhörern. Die eingefügten Liedstrophen werden gemeinsam gesungen.

Sie finden in diesem Buch zwei Varianten von Liedergeschichten. In der ersten Variante werden mehrere oder sogar alle Strophen *eines* bekannten Volklieds in eine thematisch passende Geschichte eingebettet. In der zweiten Variante werden einzelne Strophen aus *mehreren* verschiedenen Volksliedern in einer Geschichte zusammengefügt. Auch hier wird die angegebene Strophe (meist die erste) gemeinsam gesungen. Wenn der Wunsch besteht, darf natürlich auch das ganze Lied gesungen werden. In vielen Fällen kommt man auch einfach nicht drum herum ...

Viel Freude mit den Liedergeschichten wünschen

Natali Mallek und Annika Schneider

DIE VOGELHOCHZEIT (1)

Dirk Drossel war überglücklich, als Anna Amsel seinen Heiratsantrag mit einem glücklichen „Ja, ich will!“ annahm. Von da an begannen die Vorbereitungen zu ihrem Hochzeitsfest. Es sollte eine unvergesslich schöne Feier werden. Zum Glück hatten die beiden viele Freunde, Bekannte und Familienmitglieder, die ihnen bei den Vorbereitungen helfen konnten. Die Feierlichkeiten sollten im „Grünen Wald“ stattfinden unter wunderschönen alten Bäumen …

Ein Vogel wollte Hochzeit machen
in dem grünen Walde.
Fiderallala, fiderallala, fiderallalalala.

Dirk Drossel und Anna Amsel schrieben die Einladungen zu ihrer Hochzeit selbst. Sie überbrachten jede Karte persönlich, sodass alle genau wussten, wer die Braut und der Bräutigam waren. So flogen sie mit ihren Einladungskarten von Nest zu Nest.

Die Drossel war der Bräutigam,
die Amsel war die Braute.
Fiderallala …

Stefan Sperber hatte die beiden einst miteinander bekannt gemacht. Sie waren sich auf Anhieb sympathisch gewesen. Dirk Drossel wusste sofort, dass Anna die Frau war, die er einmal heiraten würde. Ihre magischen Augen hatten ihn verzaubert. Stefan Sperber tat auch alles dafür, dass sich die zwei oft über den Weg flogen. Er mochte es, die Liebe zwischen zwei Vögeln voranzutreiben. Und nach der Verkündigung ihrer Hochzeit half er bei den Vorbereitungen, wo er nur konnte.

Der Sperber, der Sperber,
der war der Hochzeitswerber.
Fiderallala …

Anna Amsel war sehr froh, dass sie Star-Friseur Silvio für ihre Hochzeit gewinnen konnte. Annas Federn waren recht widerspenstig, wenn es darum ging, sie zu frisieren. Mit Silvio Star an ihrer Seite war sie aber sicher, dass sie an ihrem großen Tag auch großartig aussehen würde.

Der Stare, der Stare,
der flocht der Braut die Haare.
Fiderallala …

Zur musikalischen Begleitung hatten sich die Gänse und Enten bereit erklärt, etwas aus ihrem Potpouri von Schlagern und klassischer und moderner Musik zu spielen. Früh am Hochzeitsmorgen bauten sie das Orchester auf …

Die Gänse und die Anten,
die war'n die Musikanten.
Fiderallala …

Sebastian Spatz war der beste Koch im ganzen Wald. Schon drei Tage im Voraus hatte er angefangen, das Menü für die große Hochzeitsgesellschaft vorzubereiten. Leider hatte er in der ganzen Eile vergessen, selbst etwas zu essen. Deshalb pickte er sich beim Anrichten vor lauter Hunger das eine oder andere Häppchen von den Platten. Doch alles war so reichlich, dass dies niemandem fehlen würde.

Der Spatz, der kocht das Hochzeitsmahl,
verzehrt die schönsten Bissen all.
Fiderallala …

Nun war es endlich so weit. Die Frisur saß. Hübsch geschminkt war Anna Amsel auch. Nun brachte ihr Ulrich Uhu die eigens und auf Maß angefertigten Hochzeitsschuhe.

Der Uhu, der Uhu,
der bringt der Braut die Hochzeitsschuh'.
Fiderallala …

Anna wurde nun sehr nervös. In einer halben Stunde sollte die Zeremonie losgehen. Und sie war nicht die Einzige, die aufgeregt war. Schon von Weitem hörte sie, wie Karl Kuckuck laut rufend herbeiflog. Er brachte ihr das Brautkleid und machte dabei so ein Spektakel, dass Anna ihn kaum verstand. Als sie in ihrem hübschen Brautkleid vor ihm stand, wurde er auf einmal ganz ruhig und lächelte sie an.

Der Kuckuck schreit, der Kuckuck schreit,
er bringt der Braut das Hochzeitskleid.
Fiderallala

DIE VOGELHOCHZEIT (2)

Anna Amsel war eine wunderschöne Braut. Und sie war glücklich. Gemeinsam mit ihrer Mutter Eva flog sie zur Kirche, in der die Vermählung stattfinden sollte. Dort wartete auch schon Lutz Lerche auf die beiden. Als Vertrauter der Familie sollte er Anna an den Altar führen. Anna verabschiedete sich mit einer festen Umarmung und einem Kuss von ihrer Mutter, die sich nun in eine Kirchenbank setzte. Lutz Lerche fasste Annas linken Flügel. Als die Orgelmusik ertönte, schritten sie zum Altar, wo Dirk Drossel schon sehnsüchtig auf seine Anna wartete.

Die Lerche, die Lerche,
die führt die Braut zur Kerche.
Fiderallala …

Während der Zeremonie vernahm Anna immer wieder das unterdrückte Schluchzen ihrer Mutter Eva. Anna war Eva Eules einzige Tochter, und obwohl ihr Anna immer wieder versichert hatte, dass sie von nun an nur einen Baum weiter wohnen würde, konnte sie dies im Moment kaum trösten.

Brautmutter war die Eule,
nahm Abschied mit Geheule.
Fiderallala …

Doch im Laufe des Tages verflog ihre Traurigkeit, denn sie sah, wie glücklich ihre Tochter war. Anna eröffnete die Tanzfläche, aber nicht mit ihrem Bräutigam Dirk, sondern mit ihrem Bruder Peter

Pfau. So hatten es sich Dirk und Anna gewünscht. Peter Pfau war Annas treuester Begleiter gewesen, bis sie Dirk kennen gelernt hatte, und war auch jetzt immer noch der beste Freund der beiden. Der zweite Tanz aber gehörte nur Anna und Dirk allein.

Der Pfau mit seinem bunten Schwanz,
macht mit der Braut den ersten Tanz.
Fiderallala …

Es wurde ein wunderschönes Fest, und Anna und Dirk waren das glücklichste Pärchen, das man sich nur vorstellen kann. Das Fest war durch und durch gelungen, alle Gäste hatten Spaß und feierten ausgelassen. Anna und Dirk verabschiedeten sich am frühen Morgen von ihren Hochzeitsgästen, sie flogen glücklich und zufrieden nach Hause. Ulrich Uhu begleitete die beiden und half Anna noch, die Schuhe auszuziehen. Er bedankte sich für die schöne Feier und schloss vor dem Hinausfliegen die Fensterläden.

Der Uhu, der Uhu,
der macht die Fensterläden zu.
Fiderallala …

Die Hochzeitsgesellschaft feierte noch eine Weile weiter, bis Horst von Hahn das Ende einläutete und allen eine gute Nacht wünschte. Schließlich musste er am Folgetag wieder in aller Frühe seinen Dienst antreten.

Der Hahn, der krähet: „Gute Nacht“,
nun wird die Kammer zugemacht.
Fiderallala …

Alle gingen zufrieden und müde nach Hause. An diesen schönen Tag würden sie sich noch lange erinnern. Und genau das hatten sich Anna und Dirk ja auch gewünscht …

Die Vogelhochzeit ist nun aus,
und alle gehn vergnügt nach Haus.
Fiderallala …

IM MÄRZEN DER BAUER

Wenn der Winter vorbei ist und alle sich auf den Frühling freuen, beginnt für Hartmut die Arbeit. Er ist Bauer und besitzt einen großen Hof mit viel Ackerland.

Im März, wenn die frostigen Tage vorüber sind, pflügt er seine Felder und sät neues Getreide aus. Seine Pferde freuen sich, nach der langen kalten Zeit endlich wieder aus dem Stall hinauszukommen. Für sie und Hartmut ist das Frühjahr harte Arbeit. Oft sind sie von früh morgens bis spät am Abend draußen auf den Feldern.

Im Märzen der Bauer
die Rösslein einspannt.
Er setzt seine Felder
und Wiesen instand.
Er pflüget den Boden,
er egget und sät
und rührt seine Hände
frühmorgens und spät.

Auch Hartmuts Frau Angela und die Mägde haben viel zu tun. Sie verpassen dem Haus den Frühjahrsputz – wischen Staub, putzen die Fenster, reinigen die Böden und waschen die Gardinen. Sie kümmern sich um das Vieh und machen den Garten wieder hübsch. Angela liebt ihre Blumen über alles und freut sich riesig, wenn die ersten Tulpen, Narzissen und Krokusse ihre kleinen grünen Blattspitzen der Sonne entgegenstrecken.

Angela und die Mägde versüßen sich die harte Arbeit in Haus und Garten gerne mit Frühlingsliedern. Besonders gern singen sie „Alle Vögel sind schon da“, „Im Märzen der Bauer“ und „Komm, lieber Mai, und mache“. Dabei zupfen sie Unkraut und genießen den Duft frischer Erde.

Die Bäu'rin, die Mägde,
sie dürfen nicht ruhn,
sie haben in Haus
und Garten zu tun.
Sie graben und rechen
und singen ein Lied,
sie freun sich, wenn alles
schön grünet und blüht.

Viel zu schnell geht der Frühling bei so viel Arbeit vorbei. Hartmut denkt gerade noch, es sei gestern gewesen, als er den Acker pflügte, da mäht er schon wieder das Getreide und wendet das Heu.

Angelas Frühlingsblumen sind verblüht, und dafür kann sie bald die Äpfel, Pflaumen und Birnen aus dem Garten pflücken. Wenn Hartmut das Getreide drischt, denkt er immer an die kalten, gemütlichen Wintertage mit heißem Kakao, frisch gebackenem Kuchen und Brot.

Angela bestreicht das Brot für ihn dann extra dick mit frischer Butter und legt eine große Scheibe Wurst darauf.

So sitzen sie dann zusammen und denken an das, was ihnen im Jahr an Schönem widerfahren ist.

So geht unter Arbeit
das Frühjahr vorbei.
Da erntet der Bauer
das duftende Heu.

Er mäht das Getreide,
dann drischt er es aus.
Im Winter, da gibt es
manch fröhlichen Schmaus.

KARL UND EMIL

Eine Liedergeschichte mit Kuckucksliedern

Karl kam heute Mittag mit einem finsteren Gesichtsausdruck aus der Schule nach Hause. Als seine Mutter ihn fragte, was ihn so bedrücke, bekam sie keine Antwort. Karl ging in sein Zimmer und blieb dort einige Zeit. Seine Mutter kannte das schon. Und so wusste sie auch, dass Karl schon zu ihr kommen würde, wenn er ihr etwas erzählen wollte. Meist brauchte er nur ein wenig Zeit, um seine Gedanken zu ordnen.
Und so war es auch. Als seine Mutter gerade damit beschäftigt war, den Garten für die bevorstehenden Frühlingstage vorzubereiten, kam Karl zu ihr heraus und setzte sich auf seinen Lieblingsplatz im alten Apfelbaum. Er konnte sich ganz bequem auf den unteren Ast setzen. Der war der dickste und stärkste von allen. Wenn Karl nur so im Garten war oder wenn er nachdenken musste oder sich über etwas besonders freute, dann kletterte er immer dort hinauf und konnte in Ruhe seinen Gedanken nachgehen.

Auf einem Baum ein Kuckuck,
simsaladim bamba saladusaladim,
auf einem Baum ein Kuckuck saß.

Ohne dass seine Mutter ihn danach fragte, begann Karl zu erzählen. Sie hielt bei der Gartenarbeit inne und hörte ihm zu. Karl hatte sich in der Schule furchtbar mit Emil gestritten. Emil war Karls bester Freund. Schon seit dem Kindergarten waren die beiden unzertrennlich, gingen durch dick und dünn. Nun war wohl wieder

einmal so ein Moment, in dem ihre feste Freundschaft auf die Probe gestellt wurde:
In der Schule hatte es die Mathematik-Arbeiten zurückgegeben. Karl hatte eine bessere Zensur bekommen als Emil – obwohl Emil den Unterrichtsstoff viel besser beherrschte als Karl. Karl sagte wohl so etwas wie, da habe er ja Glück im Unglück gehabt, ein blindes Huhn finde auch mal ein Korn usw. Zu spät bemerkte er, dass Emil über seine eigene Zensur enttäuscht war und ihm gar nicht nach Scherzen zumute war. Doch da war es schon zu spät. Mit einem Mal flogen die Fetzen, und beide sagten Dinge, die Karl vor seiner Mutter lieber nicht wiederholen wollte. Im Streit gingen sie dann auseinander. Die Mutter sah, wie Karls Augen feucht wurden, und er tat ihr in diesem Moment schrecklich leid.

Der Kuckuck und der Esel,
die hatten einen Streit:
Wer wohl am besten sänge,
wer wohl am besten sänge
zur schönen Maienzeit,
zur schönen Maienzeit.

Sie überlegte einen Moment und machte Karl dann einen Vorschlag: „Warum gehst du nicht noch einmal zu Emil und erzählst ihm das, was du mir gerade erzählt hast – dass du ihn nicht ärgern wolltest und dass du in der Freude über deine gute Zensur zu spät bemerkt hast, wie enttäuscht Emil ist."
Karl brummelte etwas wie: Er habe es doch schon versucht, und das habe ja sowieso keinen Zweck mehr …
Doch schließlich überredete ihn seine Mutter, es noch einmal zu

versuchen. Schließlich hatte Emil nun auch ein wenig Zeit zum Nachdenken gehabt.
Sie bereitete einen Rucksack mit Apfelschorle, Plätzchen und einer Picknickdecke für die beiden vor. Ihre Idee, mit Emil in den Wald zu gehen und ein Picknick zu machen, gefiel Karl. Ein bisschen mulmig war ihm aber doch zumute. Er hoffte so sehr, dass Emil nicht mehr böse sein würde …

Kuckuck, Kuckuck, ruft's aus dem Wald.
Lasset uns singen, tanzen und springen –
Frühling, Frühling wird es nun bald!

Am Abend kam Karl mit einem glücklichen Grinsen zurück nach Hause. Er umarmte seine Mutter fest und dankte ihr für das leckere Picknick. Dann erzählte er, dass auch Emil sich bei ihm entschuldigt hatte und die Sache schnell wieder vergessen war. Im Wald hatten sie einen neuen Baum gefunden, auf dem sie wunderbar klettern konnten. Er sollte von nun an ihr Lieblingsbaum sein.
Die Mutter freute sich über die erneuerte Freundschaft der beiden und war sicher: Die zwei geben schon aufeinander acht! Und sie werden auch in diesem Jahr wieder gemeinsam einen wunderschönen, aufregenden Frühling erleben!

MEIN VATER WAR EIN WANDERSMANN

Gewandert bin ich schon immer gerne. Früher, als Kind, immer an der Seite meines Vaters. Ich habe es geliebt, mit ihm durch die Berge und Wälder zu streifen. Früher, da hatte ich auch viel Zeit für solche Ausflüge. Das ist heute leider anders. Von dem Dorf, in dem ich meine Kindheit verbrachte, bin ich weggezogen. Heute lebe ich in der Stadt, und Wälder und Berge sind weit entfernt. Häufig denke ich wehmütig an die guten alten Zeiten zurück, in denen ich mit meinem Vater auf Wanderschaft ging. Am meiner Garderobe im Flur hängt immer noch der alte Wanderhut meines Vaters.

Mein Vater war ein Wandersmann,
und mir steckt's auch im Blut.
Drum wand're ich froh, so lang ich kann,
und schwenke meinen Hut.
Faleri falera,
faleri falera ha ha ha ha ha ha,
faleri falera,
und schwenke meinen Hut.

Gerade sitze ich an meinem Schreibtisch vor einem hohen Stapel Papiere, und mein Blick schweift mal wieder zu dem alten Wanderhut. Gedankenverloren gehe ich zur Garderobe, nehme den Hut und setze ihn auf. Augenblicklich fühle ich mich wie auf einer kleinen Zeitreise. Ich nehme einen tiefen Atemzug und habe das Gefühl, frische Waldesluft einatmen zu können. Wenn ich einen Wald oder einen Berg vor der Tür hätte, könnte ich mir das Fitness-Studio sparen. Mehr Spaß würde es auch machen, sich fit zu halten. Ohne, dass ich darüber nachdenken muss, stimmen meine Lippen ein kleines Wanderlied an.

Das Wandern schafft stets frische Lust,
erhält das Herz gesund.
Frei atmet draußen meine Brust,
froh singet stets mein Mund.
Faleri falera,
faleri falera ha ha ha ha ha ha,
faleri falera,
froh singet stets mein Mund.

Erst denke ich, dass meine Ohren mir einen Streich spielen, als sich der Gesang eines Vogels unter den meinen mischt. Doch tatsächlich, vor einem der Fenster meiner Stadtwohnung hockt ein kleiner Piepmatz, singt und schaut mich auffordernd an. Manchmal denke ich, dass man auch ein Vogel sein müsste. Dann könnte man frei durch das ganze Land fliegen und den Tag und die Natur in vollen Zügen genießen.

Warum singt dir das Vögelein
so freudevoll sein Lied?
Weil's nimmer hockt, landaus, landein
durch and're Fluren zieht.
Faleri falera,
faleri falera ha ha ha ha ha ha,
faleri falera,
durch and're Fluren zieht.

Aber warum sollte man sich nicht so frei wie ein Vogel fühlen? Was hält mich eigentlich hier in der Stadt? Das Wochenende liegt vor mir, und die Papierstapel laufen bestimmt nicht weg. Ein Lächeln breitet sich auf meinem Gesicht aus. Der Wanderrucksack ist schnell gepackt, und ich schnappe mir noch meinen Wanderstab und natürlich den Hut meines Vaters. Dann setze ich mich ins Auto und fahre in mein Heimatdorf. Mit jedem zurückgelegten Kilometer fühle ich mich etwas freier und zufriedener. Das Gefühl nimmt noch zu, als ich nach einer guten Stunde das Auto am Waldesrand abstelle. Herrlich: frische Luft, wehende Blätter, strahlender Sonnenschein, Vogelgezwitscher. Mein Ohr vernimmt schon das leise Rauschen des Baches, in dem ich als Kind so gerne herumtollte.

Was murmelt's Bächlein dort und rauscht
so lustig hin durch's Rohr?
Weil 's frei sich regt, mit Wonne lauscht
ihm dein empfänglich Ohr.
Faleri falera,
faleri falera ha ha ha ha ha ha,
faleri falera,
ihm dein empfänglich Ohr.

Jeder Schritt, den ich mache, tut mir gut. Es tut mir gut, mich zu bewegen. Es tut mir gut, die Waldesluft einzuatmen. Es tut mir gut, die vielen Vögel zu hören. Es tut mir gut, die Natur so nah bei mir zu haben. Der ganze Stress und die Hektik des Alltags fallen von mir ab.

Dafür, dass ich mich heute zum Wandern aufgerafft habe, bin ich mir selbst dankbar. Für dieses wunderbare Sinneserlebnis bin ich der Natur dankbar. Ab jetzt werde ich jedes Wochenende wandern gehen – solange mich meine Beine tragen und ich noch einen Fuß vor den anderen setzen kann.

Drum trag ich Ränzlein und den Stab
weit in die Welt hinein
und werde bis ans kühle Grab
ein Wanderbursche sein.
Faleri falera,
faleri falera ha ha ha ha ha ha,
faleri falera,
ein Wanderbursche sein.

WANDERTAG BEI MÜLLERS

Zu dem Lied „Das Wandern ist des Müllers Lust"

Lotte und Karlchen Müller sind schon ganz aufgeregt: „Mama, wann geht es endlich los?“, fragt Lotte. „Gleich, ich muss nur noch die Butterbrote einpacken.“ Lächelnd steckt Frau Müller die großzügig belegten Schnitten in den grünen Wanderrucksack. Vater Müller bindet sich schon die Wanderschuhe zu, und Mutter Müller scheucht die Kinder in den Flur. „Na los, wenn ihr euch nicht die Schuhe anzieht, kommen wir heute nicht mehr zum Wandern!“
Das lassen sich die Kinder nicht zweimal sagen. Fünf Minuten später sitzt Familie Müller im Auto, und Vater Müller steuert den alten Volvo zum Wanderparkplatz am Tannenberg. Um sich auf ihren Ausflug einzustimmen, singen die Müllers ihr liebstes Wanderlied.

Das Wandern ist des Müllers Lust,
das Wandern ist des Müllers Lust,
das Wandern.
Das muss ein schlechter Müller sein,
dem niemals fiel das Wandern ein,
dem niemals fiel das Wandern ein,
das Wandern.

Kaum hat das Auto angehalten, rennen Karlchen und Lotte los. Sie kennen den Weg gut, die Familie ist ihn schon oft entlanggewandert. Er schlängelt sich sehr idyllisch den kleinen Berg hinauf und wird dabei von einem wunderschönen, ganz klaren Bach begleitet. Als Mutter und Vater Müller ihre Sachen aus dem Auto

geholt haben und den Weg erreichen, steht Karlchen auf einem großen Stein mitten im Bach und grinst über beide Ohren.
„Komm sofort da raus", schimpft Vater Müller. „Wenn du nass bist, müssen wir wieder nach Hause fahren. Wir haben keine Wechselkleidung mit!"
Karlchen gehorcht und läuft ab jetzt brav neben dem Bach her. Er ist allerdings sicher, dass der Vater übertreibt: Er wäre schon nicht ins Wasser gefallen!

Vom Wasser haben wir's gelernt,
vom Wasser haben wir's gelernt,
vom Wasser.
Das hat nicht Rast bei Tag und Nacht,
ist stets auf Wanderschaft bedacht,
ist stets auf Wanderschaft bedacht,
das Wasser.

Dass die Kinder der Müllers so gerne wandern, liegt vor allem an dem Ort, an dem sie immer ein Picknick machen. Der Wanderweg heißt „Mühlenweg" und führt an einer alten Wassermühle vorbei. Vor ein paar Jahren wurde ein Verein gegründet, der sich der liebevollen und detailgetreuen Restaurierung der Wassermühle verschrieben hat. Lotte und Karlchen fangen an zu rennen, als sie das Rad der Mühle sehen. Das Wasser, das die Räder in Schwung hält, fasziniert die Kinder – und ein bisschen Hunger auf ihre Butterbrote haben sie auch.

Das sehn wir auch den Rädern ab,
das sehn wir auch den Rädern ab,
den Rädern.
Die gar nicht gerne stille stehn,
die sich mein Tag nicht müde drehn,
die sich mein Tag nicht müde drehn,
die Räder.

Als die Müllers die Mühle erreichen, steht die Tür offen. Neugierig schaut Lotte hinein.
„Hallo, wer bist du denn?", fragt Gustav, der Vorsitzende des Mühlenvereins.
„Ich bin Lotte, wir machen heute eine Wanderung", antwortet sie stolz.
„Möchtest du dir mal anschauen, wie die Mühle funktioniert?", lädt Gustav Lotte ein.
Das möchte Lotte natürlich – und Karlchen auch. Sogar die Eltern finden es spannend, sich die großen Mühlsteine anzusehen, die nur durch die Kraft des Baches bewegt werden. Die Butterbrote geraten dabei fast in Vergessenheit.

Die Steine selbst, so schwer sie sind,
die Steine selbst, so schwer sie sind,
die Steine.
Sie tanzen mit den muntern Reihn
und wollen gar noch schneller sein,
und wollen gar noch schneller sein,
die Steine.

Nach dem Anschauen der Mühle schmecken die Butterbrote dann aber doch. Auch Gustav bekommt eine der herzhaft belegten Schnitten. Während sie zusammensitzen, erzählt er den Müllers von der Arbeit im Mühlenverein.

Vater Müller ist mindestens genauso begeistert wie seine Kinder, und er verabredet mit Gustav, dass er zu der nächsten Vereinssitzung hinzukommt.

„Na, dann müssen wir hier ja noch öfter hinwandern", beschwert sich Frau Müller lachend.

„Oh, ja!", freuen sich die Kinder.

Nach dieser schönen Pause wollen sie nun wieder aufbrechen. Sie verabschieden sich von Gustav.

O Wandern, Wandern meine Lust,
o Wandern, Wandern meine Lust,
o Wandern!
Herr Meister und Frau Meisterin,
lasst mich in Frieden weiterziehn,
lasst mich in Frieden weiterziehn
und wandern.

EIN SCHÖNER TAG ZUM WANDERN

Eine Liedergeschichte mit Wanderliedern

Heute ist Rudi sehr früh aufgestanden. Die Luft fühlt sich noch ganz klar und frisch an. Rudi atmet tief ein und macht sich bereit: Er holt seine Wanderstiefel aus dem Keller, schmiert sich ein paar Brote und füllt eine Flasche mit Wasser. Eine Wanderkarte und einen Fotoapparat legt er auch bereit. Sein Lederrucksack hat ihn schon auf vielen Wanderungen begleitet. Auch dieses Mal verstaut er alles in dem Rucksack.

Heute wollen wir das Ränzlein schnüren,
laden Lust und Frohsinn mit hinein.
Golden strahlt die Sonne uns zur Freude,
lockend schallt der Amsel Ruf vom Hain.

Zum Wandern geht er meistens mit seinem Freund Franz. Schon als Schuljungen sind sie stundenlang gemeinsam durch die Wälder und Berge gelaufen. Nur so früh aufgestanden wie heute, das sind sie damals nicht. Heute wissen sie die Stille des Morgens zu schätzen, dafür lohnt sich das frühe Aufstehen. Die Berge und die Wälder sind die gleichen geblieben.

Im Frühtau zu Berge, wir gehn, fallera,
es grünen die Wälder und Höhn, fallera.
Wir wandern ohne Sorgen singend in den Morgen,
noch ehe im Tale die Hähne krähn.

Sobald Rudi und Franz in der unberührten Natur angekommen sind, stimmen sie dieses Lied an. Sie singen am liebsten die Volks- und Wanderlieder ihrer Kindheit.
Nach einer Weile machen sie Frühstückspause. Sie breiten ein Tuch auf einem Stein aus und setzen sich daneben ins Gras. Rudi packt seine Butterbrote aus und sagt: „Franz, du hast doch deine Fiedel mitgebracht …"
Franz schmunzelt. „Ich bringe doch immer meine Fiedel mit!"

Zupft die Fiedel, singt ein Liedel,
lasst die Sorgen all zu Haus;
denn wir wandern, denn wir wandern,
denn wir wandern in die Welt hinaus!

Nur während die beiden ihre Butterbrote verspeisen, verstummt der Gesang für ein paar Minuten. Für heute haben sich Rudi und Franz etwas Besonderes vorgenommen. Sie wollen bis zum Gipfel des Berges wandern: „Glaubst du, wir schaffen es heute so weit?", fragt Franz seinen Freund. „Schließlich sind wir nicht mehr die Jüngsten!" Rudi zerstreut seine Bedenken. „Ach, den Gipfel haben doch schon unsere Väter früher mit uns erklommen, warum sollten wir das nicht schaffen?"

Mein Vater war ein Wandersmann,
und mir steckt's auch im Blut.
Drum wand're ich froh, so lang ich kann,
und schwenke meinen Hut.
Faleri falera
faleri falera ha ha ha ha ha ha

Faleri falera
und schwenke meinen Hut.

Und natürlich schaffen die beiden den Aufstieg. Sie sind ja für ihr Alter auch wirklich gut in Form. Stolz stehen sie neben dem Gipfelkreuz und freuen sich gemeinsam.

WOHLAUF IN GOTTES SCHÖNE WELT

Endlich ist es so weit! Ferdinand schaut noch einmal voller Stolz auf sein Abschlusszeugnis. Vielleicht hätte er in dem einen oder anderen Fach noch ein bisschen besser abschneiden können, aber es war geschafft. Endlich geschafft. Er würde sich nie wieder in die kleine Schulbank quetschen. Nie wieder hoffen, dass der Lehrer ihn bei einer besonders kniffligen Frage nicht drannehmen würde. Nie wieder über Latein-Vokabeln und Algebra schwitzen. Endlich geschafft. Seine Klassenkameraden hatten sich für ein großes Fest verabredet, aber Ferdinand hatte etwas anderes vor. Er hatte genug von dem ganzen Trubel. Die letzten Monate des Lernens und Paukens waren anstrengend gewesen. Immer wieder hatte er zusammen mit seinen Klassenkameraden in Bücher geschaut. Nun wollte er raus. Raus aus der muffigen Studierkammer, raus aus dem Haus, raus in die weite Welt. Ein paar Tage nur er und die Natur. Ein paar Tage Ruhe.

Wohlauf in Gottes schöne Welt, lebe wohl, ade!
Die Luft ist blau und grün das Feld, lebe wohl, ade!
Die Berge glühn wie Edelstein,
ich wandre mit dem Sonnenschein,
la la la la, la la la, ins weite Land hinein,
la la la la, la la la, ins weite Land hinein.

Ferdinand hatte seine sieben Sachen schon vor dem Abschluss gepackt. Schon lange hatte er sich auf die Wanderung vorbereitet. Schon lange hatte er sich danach gesehnt, einfach alles hinter sich zu lassen. Mit schicken neuen Wanderschuhen, einem langen, stabilen Wanderstock und einem Lied auf den Lippen ging es nun endlich los. Die ersten Schritte führten ihn noch durch die Straßen, auf denen er schon als kleiner Knirps gespielt hatte. Vorbei an der Kirche, in der er getauft wurde. Vorbei an Häusern von Bekannten und Freunden. Am Bergeshang angekommen, drehte er sich noch einmal um, atmete tief ein und winkte seinem Heimatdorf mit leichtem Herzen.

Du traute Stadt am Bergeshang, lebe wohl, ade!
Du hoher Turm, du Glockenklang, lebe wohl, ade!
Ihr Häuser alle, wohlbekannt,
noch einmal wink ich mit der Hand,
la la la la, la la la, und nun seitab gewandt,
la la la la, la la la, und nun seitab gewandt.

Sein Weg führte nun immer an einem schmalen, klaren Bach entlang. Er erinnerte sich noch gut daran, wie er als kleiner Junge einmal in diesen Bach hineingefallen war. Tropfnass musste er nach Hause laufen. Zum Glück machte seine Mutter ihm zum Aufwärmen schnell einen heißen Kakao.
Heute schaute er sich den kleinen Bach ganz anders an. Er stellte sich vor, das Wasser sei, genau wie er, auf Wanderschaft. Ohne Hast, aber auch ohne lange innezuhalten, suchte es sich seinen Weg. Dabei gab es kein bestimmtes Ziel. Das Fließen war das Ziel. Die Wanderschaft war das Ziel. Der Weg war das Ziel. Dem Bach ging es wie Ferdinand.

An meinem Wege fließt der Bach, lebe wohl, ade!
Der ruft den letzten Gruß mir nach, lebe wohl, ade!

Ach, Gott, da wird's so eigen mir,
so milde wehn die Lüfte hier,
la la la la, la la la, als wär's ein Gruß von dir,
la la la la, la la la, als wär's ein Gruß von dir.

Ferdinand hing so seinen Gedanken nach, als ihn ein „Hallo Ferdinand!" aus seinen Gedanken riss. Es war Gesine aus dem Nachbardorf. Eigentlich hatte Ferdinand keine große Lust, sich mit jemandem zu unterhalten. Für die hübsche Gesine machte er allerdings eine Ausnahme. Aber nur kurz! Sie plauderten ein bisschen über die Schulzeit, über gemeinsame Lehrer und über das Wetter. Ferdinand versprach, sich nach seiner Rückkehr bei Gesine zu melden. Denn für den Moment konnte ihn nichts halten. Für den Moment konnte ihn noch nicht einmal die schöne Gesine halten. Sein Herz befand sich auf Wanderschaft. Ferdinand befand sich auf Wanderschaft. Auf Wanderschaft in dieser schönen Welt.

Ein Gruß von dir, du schönes Kind, lebe wohl, ade!
Und nun den Berg hinab geschwind, lebe wohl, ade!
Wer wandern will, der darf nicht stehn,
der darf niemals nach hinten sehn,
la la la la, la la la, muss immer weitergehn,
la la la la, la la la, muss immer weitergehn.

JETZT KOMMEN DIE LUSTIGEN TAGE

Greta. Das war der Name, den Helmut nicht so schnell vergessen würde.

Das wusste er zu jenem Zeitpunkt aber noch nicht. Helmut und Greta lernten sich im Nachbardorf auf einem Bauernhof beim Tanz in den Mai kennen – und mögen. Die Tage und Wochen danach verbrachten sie viel Zeit miteinander. Sie gingen tanzen, machten lange Spaziergänge im Wald, kochten zusammen oder saßen einfach beieinander und lasen Bücher. Greta hat etwas Geheimnisvolles, dachte Helmut. Sie unterhielten sich nicht viel über die Vergangenheit oder die Zukunft, sie lebten einfach im Hier und Jetzt.

Als der Mai vergangen war, wurden die Treffen seltener. Greta hatte nicht mehr so viel Zeit wie vorher. Ihrem Vater gehörte der Bauernhof, auf dem sie sich kennen gelernt hatten, und in den Sommermonaten war die ganze Familie damit beschäftigt, die Feriengäste zu bewirten.

Helmut freute sich auf die Sommermonate, und so fiel ihm erst einmal gar nicht auf, dass sie sich nicht mehr so oft sahen.

Jetzt kommen die lustigen Tage,
Schätzel, ade.
Und dass ich es dir auch gleich sage,
es tut mir gar nicht weh.
Und im Sommer, da blüht der rote, rote Mohn,
und ein lustiges Blut kommt überall davon.
Schätzel ade, ade! Schätzel, ade!

Jedes Jahr im Sommer machte Helmut mit seinen Kameraden Wandertouren. Es ging durch Wälder und Täler, sie überquerten gemeinsam Bäche und Flussläufe. Bei sich trugen sie nur das Nötigste – Kleidung zum Wechseln und Proviant für den Tag. Abends kehrten sie in einfache Gaststätten ein, übernachteten dort für kleines Geld und setzen ihren Marsch am nächsten Tag fort. Manchmal schliefen sie auch im Freien, zündeten ein Lagerfeuer an und sangen Wanderlieder. Fast zwei Monate waren sie so unterwegs und waren dem Sommer dankbar für das wunderbare Wetter. In diesem Jahr jedoch war es mit Helmuts guter Laune beim Wandern schnell vorbei. Die Landschaften waren nicht so schön wie sonst, die Farben trüb, und es roch auch nicht mehr so gut wie früher. Außerdem schlief er schlecht, wurde sehr schnell grantig, hatte keinen Appetit, und das Bier schmeckte ihm auch nicht mehr.
Es dauerte einige Tage, bis er verstand, was mit ihm los war. Es war Greta. Sie fehlte ihm. War er etwa verliebt?! Nein, zwischen den beiden hatte es doch nur eine kurze Romanze gegeben ... Oder etwa doch nicht?

Im Sommer, da müssen wir wandern,
Schätzel, ade.
Und küssest du gleich einen andern,
wenn ich es nur nicht seh.
Und seh ich's im Traum, so red ich mir halt ein,
ach, es ist ja nicht wahr, es kann ja gar nicht sein.
Schätzel ade, ade! Schätzel, ade!

Helmut erkannte sich selbst nicht mehr. Der Mann, der sonst immer unterwegs gewesen, von manchen sogar als umtriebig bezeich-

net worden war, wollte nach Hause. Zu seiner Greta. Der schwierigste Gedanke, der ihn jedoch traf, war die Frage, ob Greta genauso fühlte wie er. Nun war er ja schon einige Zeit unterwegs, und auf ihren Bauernhof kamen fast jeden Tag neue Besucher. So hatten sie sich schließlich auch kennen gelernt …
Aber Helmut wäre nicht Helmut, wenn er sein Glück nicht versuchen wollte. Und er schwor sich, sollte Greta nur einen Funken Interesse an ihm zeigen, würde er diese Frau nie wieder loslassen.
Helmut verabschiedete sich von seinen Kameraden und nahm den nächsten Bus in Richtung Heimat. Voller Vorfreude, Sehnsucht, aber auch Sorge, was ihn wohl erwartete, fuhr er nach Hause.

Und kehr ich dann einstmals wieder,
Schätzel, ade.
So sing ich die alten Lieder,
vorbei ist all mein Weh.
Und bist du mir gut wie einstmals im Mai,
so bleib ich bei dir auf ewige Treu.
Schätzel ade, ade! Schätzel, ade!

Als er am Abend erschöpft zu Hause ankam, traute er seinen Augen nicht: Auf den Treppenstufen vor seinem Haus saß Greta und lächelte ihm entgegen …

GEH AUS, MEIN HERZ, UND SUCHE FREUD

„Opa, Opa! Schau, was ich alles mitgebracht habe!"
Werner liebte diese Stimme so sehr, dass sein Herz sofort einen Luftsprung machte, als er sie hörte. Lars setzte sich sofort in die Mitte des Wohnzimmers und packte seinen dunkelblauen Rucksack aus.
„Uiuiui, dein Rucksack wird ja immer voller. Und du wirst auch immer stärker, mein großer Junge", sagte Werner liebevoll und strich seinem Enkel sanft über die kurzen, strohblonden Haare. Lars war mittlerweile schon fünf Jahre alt und der ganze Stolz, vor allem aber die große Liebe seiner Großeltern.
Jedes erste Wochenende im Monat verbrachte er bei Oma Christa und Opa Werner. Er war gerne dort und freute sich jedes Mal auf ein neues Abenteuer mit den beiden.
Christa hatte den Tisch auf der Terrasse schon fürs Kaffeetrinken eingedeckt. Es gab Schokoladeneis mit Sahne und frischen Himbeeren aus dem Garten. Lars mochte Schokoladeneis sehr gern.
Christa und Werner saßen verliebt neben ihrem Enkel und beobachteten, wie er auf dem großen Gartenstuhl saß und den Hals reckte, damit er an sein Schälchen kam. Seine Beine baumelten dabei vergnügt in der Luft. Für einen Kinderstuhl war Lars seiner Meinung nach schon viel zu groß. Für Christa und Werner aber hätte es gestern sein können, als er noch ein Baby war und sie ihn das erste Mal in ihrem Arm gehalten hatten.
Werner ließ den Blick über seinen Garten schweifen. Großvater sein, das gehörte zu den schönsten Zeiten seines Lebens …

Geh aus, mein Herz, und suche Freud
in dieser lieben Sommerzeit
an deines Gottes Gaben.
Schau an der schönen Gärten Zier
und siehe, wie sie mir und dir
sich ausgeschmücket haben,
sich ausgeschmücket haben.

Den Garten hatten Christa und Werner am letzten Wochenende fertig gemacht, so hatten sie nun alle Zeit für Lars. Die beiden mochten ihren Garten, er war ihr Hobby. Besonders die Blumen hatten es ihnen angetan. Jetzt, im späten Frühjahr, waren sie besonders schön. Die Rosen standen schon in voller Blüte, und doch blühten auch noch einige Tulpen und Narzissen, was eher ungewöhnlich war, aber wohl mit dem recht frischen Frühling einherging.
Am hinteren Ende des Gartens stand ein großer Apfelbaum. Lars hatte dort seinen Lieblingsplatz und machte sich nach seinem Eis sofort auf den Weg dorthin. Werner hatte ihm im letzten Jahr ein Baumhaus in die kräftigen Äste gezimmert. Durch das viele Laub war es zu dieser Jahreszeit immer ganz verdeckt, und Lars genoss das Spielen in seinem Versteck.
Christa hatte den Bau des Baumhauses mit Argwohn begleitet. Sie sah Werner weder gerne mit der Säge hantieren noch mit Brettern unter dem Arm im Apfelbaum herumklettern. Als das Baumhaus fertig war, fiel ihr ein großer Stein vom Herzen. Dabei hatte sie noch gar nicht bedacht, dass Lars ja auch später im Baum herumklettern würde. Als sie ihren kleinen Jungen – damals war er noch vier – vor dem großen Apfelbaum hatte stehen sehen, wurde ihr

ganz anders. Nach einigen hitzigen Debatten mit Werner einigten sie sich, dass er vor der Freigabe des Baumhauses noch eine Leiter und eine Umrandung für die Plattform bauen würde. So war Christa zwar immer noch nicht ganz wohl ums Herz, aber sie hatte wenigstens nicht mehr so große Angst.
Beim Tischabräumen schaute sie Lars hinterher. Es war einfach zu schön, ihn durch den Garten tollen zu sehen …

Die Bäume stehen voller Laub,
das Erdreich decket seinen Staub
mit einem grünen Kleide.
Narzissus und die Tulipan,
die ziehen sich viel schöner an
als Salomonis Seide,
als Salomonis Seide.

Nachdem Lars sein Baumhaus in Beschlag genommen und die Spinnen gezählt hatte, die in den letzten drei Wochen eingezogen waren, war nun wieder Opa Werner an der Reihe. Die beiden machten sich seit mehr als einem Jahr an jedem Oma-und-Opa-Wochenende auf den Weg zu einer nahe gelegenen Lichtung am Waldesrand, an der Opa Werners Freund Horst einen Hochsitz hatte.
An jenem Wochenende hatten sie besonders viel Glück. Lars konnte so viele Tiere beobachten, dass er aus dem Staunen nicht mehr herauskam: Eichhörnchen, Buntspechte, einen Mäusebussard, einen Eichelhäher und sogar ein Reh. Mit Opa Werners Fernglas konnte er mittlerweile so gut umgehen, dass er auch die kleinsten Vögel in den Baumwipfeln entdeckte.

Auf dem Heimweg erklärte Werner Lars alles, was er über die Tiere und Pflanzen wissen wollte. Er beantwortete jede Frage geduldig und auch so, dass Lars ihn gut verstehen konnte.
Wenn Christa ihnen danach die Haustür aufmachte, wusste sie nie, wer von den beiden stolzer war – der kleine Junge mit dem Fernglas, der gerade vom Hochsitz kam, oder der strahlende Opa …

Die Lerche schwingt sich in die Luft,
das Täublein fliegt aus seiner Kluft
und macht sich in die Wälder.
Die hochbegabte Nachtigall
ergötzt und füllt mit ihrem Schall
Berg, Hügel, Tal und Felder,
Berg, Hügel, Tal und Felder.

Beim Abendbrot sprudelte es aus Lars nur so heraus. Christa musste ihn mehrmals daran erinnern, doch sein Leberwurstbrot nicht zu vergessen. Lars hatte das erste Reh in seinem Leben gesehen und versuchte es seiner Oma ganz genau zu beschreiben. Währenddessen wurde Opa Werner mit allerlei Fragen gelöchert: Wann das Reh schlafen geht, ob es jetzt wohl auch Abendbrot isst, wovon es wohl träumen würde …
Es war schon spät, als Lars in seinem Bettchen die Augen zufielen. Zufrieden träumte er von einem stattlichen Hirsch und vom Innern einer Spechthöhle hoch oben in einem Baum.
Opa hatte ihm versprochen, dass er ihm am nächsten Tag einen echten Storch zeigen würde. Ein weiteres Abenteuer, auf das Lars sich sehr freute. Und ein weiterer Tag voller Freude für Oma Christa und Opa Werner …

Die Glucke führt ihr Völklein aus,
der Storch baut und bewohnt sein Haus,
das Schwälblein speist die Jungen.
Der schnelle Hirsch, das leichte Reh
ist froh und kommt aus seiner Höh
ins tiefe Gras gesprungen,
ins tiefe Gras gesprungen.

DAS KRIBBELN IM SOMMER

Eine Liedergeschichte mit Sommerliedern

Anna und Hans haben das ganze Wochenende in ihrem Garten verbracht. Hans hat fleißig den Rasen gemäht und eine Menge Unkraut gejätet. Sehr zur Freude von Anna. Ihr war das Unkraut schon lange ein Dorn im Auge, ihr Rücken hat es ihr aber nicht erlaubt, sich selbst die lange Zeit auf den Boden zu knien.
Anna hat die Rosen zurechtgeschnitten, die Wege gefegt und das Holz der Gartenmöbel frisch geölt. Es waren herrliche Sommertage – die ersten in diesem Jahr. Anna hatte wie immer ihren Strohhut auf, der sie, so lange sie denken kann, immer gut vor zu viel Sonne geschützt hatte.
Anna und Hans waren sich sehr vertraut. Sie waren immer noch so verliebt wie am ersten Tag. Und so war es Hans, der immer wieder zwischen dem vielen Unkraut hervorkam und seiner Anna beim Rosenschneiden zuschaute. Der Anblick ihrer roten Wangen zauberte sofort ein Lächeln auf seine Lippen. Wann immer sie seine Blicke bemerkte, warf sie ihm einen Kuss zu.
Am Sonntagnachmittag saßen sie dann nach getaner Arbeit glücklich und zufrieden in ihren Gartenstühlen, aßen Vanilleeis mit frischen Erdbeeren aus dem Garten und tranken ein Glas kühle Bowle. Das tat gut …

Trarira, der Sommer, der ist da!
Wir wollen in den Garten
und woll'n des Sommers warten.
Ja, ja, ja, der Sommer, der ist da!

Wie immer, wenn sie zusammensaßen, unterhielten sie sich. Meist über ihre Enkel, Emma und Florian. Die Zwillinge waren jetzt schon zwei Jahre alt und hielten ihre Eltern, vor allem aber die Großeltern mächtig auf Trab. Oft drehten sich ihre Gespräche aber auch um die aktuellen Nachrichten, die Geschehnisse der Woche oder auch nur dies und das …

An jenem Sonntag aber kam Hans nicht umhin, immer und immer wieder Annas Strohhut zu betrachten, ihn in die Hand zu nehmen und auf einem Finger kreisen zu lassen. Sie beobachtete ihn dabei und fragte ihn schließlich: „Na, woran denkst du gerade?“ Sie wusste es eigentlich ganz genau, wollte die Geschichte aber trotzdem noch einmal von ihm hören. Anna konnte nie genug davon bekommen.

Hans blickte in den Himmel, und ein Strahlen machte sich in seinem Gesicht breit. Wie so oft dachte er an die Zeit, als sie sich kennen lernten …

Sie waren noch jung, gingen in dieselbe Schule und sahen sich regelmäßig auf dem Schulhof. Mehr war damals eigentlich nicht. Doch dann kamen die langen Sommerferien. Hans plante Wandertage mit einigen seiner Klassenkameraden. Am letzten Schultag vor den Ferien sahen die beiden sich zufällig noch am Schultor und verabschiedeten sich voneinander. Genau da spürte Hans dieses Kribbeln im Bauch zum ersten Mal. Wie ein Ruck durchzog ihn das Gefühl. Und so begab es sich, dass er die ganzen Ferien lang nur an Anna denken musste. Zwar sagte er sich zu Beginn, dass ihn die lustigen Wandertage mit den herrlich blühenden Landschaften gewiss auf andere Gedanken bringen würden – so war es aber natürlich nicht. Denn wo die Liebe hinfällt …

Jetzt kommen die lustigen Tage, Schätzel, ade,
und dass ich es dir auch gleich sage,
es tut mir gar nicht weh.
Und im Sommer, da blüht der rote, rote Mohn,
und ein lustiges Blut kommt überall davon.
Schätzel ade, ade! Schätzel, ade!

So konnte es nicht weitergehen. Hans wurde das Kribbeln im Bauch einfach nicht mehr los. Es musste eine Möglichkeit geben, Anna für sich zu gewinnen. Dieses Mädchen würde einmal seine Frau werden, das stand für ihn fest wie das Amen in der Kirche. Nur wie?!

Die Ferien gingen zu Ende, und eines Tages fasste Hans sich ein Herz und fragte Anna, ob sie Lust habe, einmal mit ihm zu wandern. Anna sagte sofort zu, denn auch ihr war der nette Junge mit den dunkelblonden Haaren immer wieder aufgefallen.

Hans holte Anna am frühen Morgen ab. Er erinnert sich bis heute daran, wie schön sie in dem hellblauen Blümchenkleid aussah. Unter ihrem Strohhut leuchteten ihre roten Wangen in der Morgensonne. Anna war eine geübte Wanderin, Hans war erstaunt, wie sicher sie mit ihren Wanderschuhen über Stock und Stein ging. Sie schauten sich den Wald und die Berge an, aßen wilde Erdbeeren und sangen fröhliche Wanderlieder.

Sie verbrachten den ganzen Tag miteinander. Kurz bevor die Sonne unterging, brachte Hans seine Anna nach Hause. An diesem Morgen hätte er nie gedacht, dass er am gleichen Tag den ersten Kuss seines Lebens bekommen würde …

Im Frühtau zu Berge wir ziehn, fallera,
es grünen die Wälder und Höhn, fallera.
Wir Wandern ohne Sorgen singend in den Morgen,
noch ehe im Tale die Hähne krähn.

Annas Wangen leuchteten wieder. Wenn Hans die Geschichte erzählte, war sie sofort wieder junge sechzehn und sah sich auf dem Schulhof stehen. Sie war so dankbar für alles in ihrem Leben. Doch obwohl sie so zufrieden dasaß, machte sich immer auch ein bisschen Wehmut ihn ihr breit. „Schau uns an, so jung waren wir einmal …"
Aber Hans ließ Wehmut nicht gelten und summte wie so oft ein Lied vor sich hin. Dann fing er an zu singen und forderte seine Liebste zum Tanzen auf. Sofort kam das Strahlen in ihr Gesicht zurück.

Im Sommer, im Sommer, die liebe lange Zeit,
im Sommer, im Sommer, die liebe lange Zeit,
warum solln wir dann nicht lustig sein,
warum solln wir dann nicht lustig sein,
warum solln wir dann nicht lustig sein?
Wir sind noch junge Leut.

TRARIRA, DER SOMMER, DER IST DA

Luise war ein echtes Sommerkind. Ihre Mutter sagte immer, das liege daran, dass Luise im August geboren wurde. Sobald die ersten Sommersonnenstrahlen im Juni den Boden berührten, war das Kind nur noch draußen zu finden. Meistens spielte sie mit ihrer Freundin Tilda im Garten. Die beiden taten das, was Mädchen in ihrem Alter so tun – mit Puppen spielen, auf einer großen Decke ein Picknick machen oder bunte Blumen pflücken, die sie dann ihren Müttern schenkten. Sie hatten aber auch viel Freude beim Versteckspielen und kletterten gern auf Bäume.
„Auf Bäume klettern gehört sich nicht für Mädchen", sagte Tildas Mutter immer. Das fanden die beiden gar nicht! Luises Mutter sah das auch nicht so streng, deshalb kletterten sie meistens auf den großen Apfelbaum in Luises Garten. Durch die dichten Blätter blitzte hier und da mal die Sonne hindurch, das war besonders schön. Ansonsten saßen die beiden zufrieden auf den starken Ästen und erfreuten sich am Duft des Sommers. Was er wohl in diesem Jahr bringen würde?

Trarira, der Sommer, der ist da!
Wir wollen in den Garten
und woll'n des Sommers warten.
Ja, ja, ja, der Sommer, der ist da!

Das Liebste von all diesen schönen Dingen war ihnen jedoch das alte Zelt, das schon Luises Vater gehört hatte, als dieser noch ein kleiner Junge war. Er baute es eines Tages für Tilda und Luise auf. Eigentlich wollte er es den beiden nur zeigen und ihnen die Ge-

schichte erzählen, wie er es damals von seinem Vater geschenkt bekommen hatte. Tilda und Luise fanden das Zelt aber so schön und fühlten sich sofort so wohl darin, dass sie die Nächte am liebsten nur noch dort verbringen wollten. Das fanden jedoch weder Tildas noch Luises Mutter eine gute Idee.
So mussten die beiden Jahr für Jahr geduldig auf den Sommer warten – was sie auch taten. Jedenfalls bis zu den besagten ersten Sommersonnenstrahlen. Von da an waren sie nicht mehr zu bremsen. Sie liefen in den Garten, hüpften und sprangen von einem Ende zum anderen und bettelten so lange, bis Luises Vater kam und ihnen das Zelt aufbaute.
Sie richteten sich gemütlich darin ein, holten ihre Decken, Kissen und ein paar Bücher ins Zelt. Jede von ihnen brachte ihre Lieblingspuppe mit. Und Tilda stibitzte von zu Hause ein paar Bonbons, von denen sie dann abends noch eins aßen – als Betthupferl, versteht sich.
Der erste Abend im Zelt war für die beiden immer etwas ganz Besonderes. Ja, jetzt war der Sommer endlich da!

Trarira, der Sommer, der ist da!
Wir wollen in die Hecken
und woll'n den Sommer wecken.
Ja, ja, ja, der Sommer, der ist da!

Tilda und Luise sind mittlerweile erwachsen. Sie haben sich nie aus den Augen verloren. Lediglich das Klettern im Apfelbaum, das Versteckspielen und die gemeinsamen Sommernächte im Zelt gehören jetzt zu den Erinnerungen, die sie ihr Leben lang bewahren werden.

Und jedes Jahr, wenn die ersten Sommersonnenstrahlen den Boden berühren, treffen sie sich in Luises Elternhaus. Dann sitzen sie im Schatten des alten Apfelbaumes, plaudern bei Erdbeeren und Schlagsahne und schauen ihren Töchtern beim Klettern und Versteckspielen zu …

Trarira, der Sommer, der ist da!
Der Sommer hat gewonnen,
der Winter ist zerronnen.
Ja, ja, ja, der Sommer, der ist da!

ALLER GUTEN DINGE SIND ...? VIER!

Zu dem Lied „Du, du liegst mir im Herzen"

„Nun wollen wir auf die vergangenen fünfzig Jahre anstoßen!" Kunibert erhob sein Glas und prostete den Gästen zu. Fünfzig Jahre war er nun mit Elli verheiratet. Fünfzig wundervolle Jahre. Die Goldene Hochzeit wurde natürlich standesgemäß in einem Lokal gefeiert, und Kunibert hatte auch eine Rede vorbereitet:
„Einige von euch wissen vielleicht nicht, wie ich meine Elli kennen gelernt habe. Auf jeden Fall hat unser Kennenlernen ein altes Sprichwort widerlegt. Die Regel ‚Aller guten Dinge sind drei' stimmt so einfach nicht. Welche Regel stimmt und wie sich unser Zusammenfinden zugetragen hat, das möchte ich euch nun erzählen.
Es war ein frischer Frühlingstag, als ich Elli das erste Mal sah. Ich war sechzehn Jahre jung und schaute aus dem Fenster unserer Wohnung. Dort sah ich einen Umzugswagen vorfahren. Offensichtlich zog eine neue Familie in die Wohnung über uns ein. Zu dieser Familie gehörte Elli. Mein Herz hatte ich schon an sie verloren, als ich sie das erste Mal sah. Sie stand dort unten neben dem Lastwagen in einem pastellfarbenen Kleid. In Gedanken versunken blickte sie auf die Straße und wirkte ein bisschen verloren. Als aufgeweckter junger Mann ging ich natürlich sofort hinunter zum Umzugswagen und bot meine Hilfe an. Von Elli erntete ich damals nur einen mitleidigen Blick, und ich dachte schon, ich könnte mein Liebe für immer vergessen.

Du, du, liegst mir im Herzen,
du, du, liegst mir im Sinn.
Du, du, machst mir viel Schmerzen,
weißt nicht, wie gut ich dir bin.
Ja, ja, ja, ja, weißt nicht, wie gut ich dir bin!

Ich war damals nicht schüchtern, und als ich Elli am nächsten Tag beim Einkaufen traf, bot ich ihr auf dem Nachhauseweg an, ihre Taschen zu tragen. Doch auch dieses Mal lehnte das stolze Mädchen die Hilfe kurzerhand ab und trug ihre Taschen selbst nach Hause. Untröstlich musste ich, daheim angekommen, ein paar Tränen ihren Lauf lassen. Meine Liebe wurde durch Ellis Ablehnung nur noch mehr entfacht.

So, so, wie ich dich liebe,
so, so liebe auch mich!
Die, die zärtlichsten Triebe
fühl ich allein nur für dich!

Meine Mutter tröstete mich am Abend mit den Worten: „Andere Väter haben auch schöne Töchter!" Konnte ja sein, aber ich wollte keine anderen Töchter, ich wollte Elli.
Eine Woche später war im Dorf ein großes Fest. Elli war auch dort, und da ich glaubte, ‚Aller guten Dinge sind drei', forderte ich sie zum Tanz auf. Doch aller guten Dinge waren nicht drei, und Elli lehnte wieder ab. Später sah ich sie mit irgendeinem Trottel auf der Tanzfläche. Was hatte ich verkehrt gemacht? Was hatte der, was ich nicht hatte? Mir war die Lust aufs Tanzen gründlich vergangen.

Wenn Elli nicht mit mir tanzen wollte, dann würde ich auch mit keiner anderen tanzen.

Doch, doch darf ich dir trauen,
dir, dir mit leichtem Sinn?
Du, du kannst auf mich bauen,
weißt ja, wie gut ich dir bin.

Aus Tagen wurden Wochen, aus Wochen wurden Monate, und aus Monaten wurden ganze vier Jahre. Mittlerweile war ich aus der elterlichen Wohnung ausgezogen und hatte meine Lehre beendet. Die Richtige fürs Leben hatte ich immer noch nicht gefunden. Jedes Mädchen, das ich traf, verglich ich mit Elli, und keine Einzige konnte dem Vergleich standhalten.
Dann, als ich an einem Sonnabend zum Bratenessen bei meinen Eltern eingeladen war, traf ich im Treppenhaus – Elli! Ganz anders als bei unseren vorigen Begegnungen strahlte mich Elli an. Sie sagte: „Hallo Kunibert, was machst du so? Wie geht es dir? Schön, dich zu sehen!"
Ich traute meinen Ohren nicht. Wir plauschten, wir redeten, wir lachten, und wir schauten uns tief in die Augen. Heute weiß ich, dass sich Elli bei diesem Gespräch im Treppenhaus in mich verliebte. Damals wusste ich es nicht und war ziemlich nervös bei meinem nunmehr vierten Versuch, mit ihr in Kontakt zu kommen. „Elli, magst du am Sonntag mit mir segeln gehen?", fragte ich. Und als Elli zusagte, machte mein Herz einen riesigen Sprung!
Das Grinsen klebte mir den ganzen Abend im Gesicht. Es war kein Wunder, dass meine Mutter damals sofort erriet, dass etwas Schönes passiert war.

Und, und wenn in der Ferne
mir, mir dein Herz erscheint,
dann, dann wünsch ich so gerne,
dass uns die Liebe vereint.

Vier lange Jahre hatte es gedauert, vier Versuche hatte ich gebraucht. Es sei damit bewiesen: Aller guten Dinge sind vier! Aber was sind schon vier gegen fünfzig? Es würde mir wohl jeder zustimmen: Das Warten hat sich gelohnt. Freunde, lasst uns feiern!“

KARSTEN UND SIMONE

Eine Liedergeschichte mit Liebesliedern

Lebenslustig, immer in Bewegung, immer ein Funkeln in den Augen: So würden ihre Freunde Simone beschreiben. Doch diese Beschreibung passt so gar nicht zu Simones heutiger Gefühlslage. Die Tränen stehen ihr in den Augen. Sie hat keinen Appetit. Sie hat gar keine Lust aufzustehen und das Haus zu verlassen. Simone ist traurig. Ihr Schatz, Karsten, ist zu einer Geschäftsreise aufgebrochen. Sein Chef wollte unbedingt, dass er einen Termin für ihn wahrnimmt, da er selbst verhindert ist. Gestern musste sie Karsten zum Zug bringen.

Seitdem sie sich vor drei Jahren in ihn verliebt hatte, waren sie noch nie so lange getrennt gewesen. Das Wasser rinnt ihr schon wieder die Wangen hinunter, als sie daran denkt, wie sie ihm gestern am Bahnhof zum Abschied gewunken hat.

Wenn alle Brünnlein fließen,
so muss man trinken.
Wenn ich mein Schatz nicht rufen darf,
tu ich ihm winken,
wenn ich mein Schatz nicht rufen darf,
ju, ja, rufen darf,
tu ich ihm winken.

Karsten geht es auch nicht besser. Er hat überhaupt keine Lust auf den Geschäftstermin. Der Termin ist erst am Abend, und bis dahin

verbringt er die Zeit auf dem Hotelzimmer. Viel lieber würde er bei seiner Simone sein. In ihre wunderschönen Augen blicken. Über ihr weiches Haar streichen. Sie in die Arme schließen. Ihre fröhliche Stimme hören. Doch wenigstens das kann er ja sogar. Er greift zum Telefon und wählt ihre Nummer.
„Hallo, meine Liebste", begrüßt er Simone, und Simone trocknet ihre Tränen und macht einen kleinen Freudensprung. „Wenn ich könnte, würde ich sofort zu dir kommen!", versichert Karsten seiner Simone, und die beiden tauchen ab in ein Gespräch voller Warmherzigkeit und Zuneigung.

Wenn ich ein Vöglein wär
und auch zwei Flügel hätt',
flög ich zu dir.
Weil's aber nicht kann sein,
weil's aber nicht kann sein,
bleib ich allhier.

Doch irgendwann ist das Telefongespräch zu Ende, und Simones Sehnsucht hat sich durch das Gespräch eher verstärkt als geschmälert. Am nächsten Tag glaubt sie an jeder Ecke, ihren Karsten zu sehen. Beim Bäcker denkt sie für einen Augenblick, er stehe vor ihr in der Schlange, aber als der Mann sich umdreht, ist es nur Herr Meyer von gegenüber. Als das Telefon zu Hause klingelt, denkt sie, ihr Schatz ruft sie wieder an, aber es ist nur der Anruf einer gelangweilten Callcenter-Mitarbeiterin, die sie zu einer Verbraucherumfrage einladen möchte. Einmal denkt sie sogar, es gehe jemand auf ihr Haus zu, und es sei Karsten, doch der Mensch geht einfach weiter. Dann wird er es wohl nicht gewesen sein …

Horch, was kommt von draußen rein? Hollahi, hollaho!
Wird wohl mein Feinsliebchen sein, hollahijaho!
Geht vorbei und schaut nicht rein? Hollahi, hollaho!
Wird's wohl nicht gewesen sein, hollahijaho!

Doch viel früher als vereinbart klingelt es dann doch an der Tür. Simone springt auf, läuft hin, drückt die Klinke herunter und fällt ihrem Karsten um den Hals. Sie möchte ihn nie wieder loslassen. Ihre Lebenslust ist wieder da, und ihre Augen funkeln stärker denn je. Vielleicht war die Trennung ja gar nicht so schlimm. Denn ohne Trennung hätte man sich nicht so sehr darüber freuen können, sich wiederzusehen.

WENN ICH EIN VÖGLEIN WÄR

Ein waschechter Inseljunge, das war Nils immer gewesen. Auf der Insel geboren, auf der Insel aufgewachsen und auf der Insel geblieben. Das raue Wetter der Nordsee, der kühle Wind, die streife Brise, die Weite des Meeres, der Sand unter den Füßen – das alles brauchte er zum Glücklichsein. Nur während der Schulzeit hatte Nils längere Zeiten auf dem Festland verbracht. Es gab keine weiterführende Schule auf der Insel, und so musste er ein Internat auf dem Festland besuchen.

Natürlich fehlte ihm seine Insel damals, er erinnert sich aber trotzdem gern an die Zeit im Internat zurück. Das lag einerseits an den anderen Jungs: Er fand dort Freunde fürs Leben. Andererseits lag es auch an den langen Nächten und den wilden Festen, die er gefeiert hatte.

Auf einem dieser Feste hatte er seine Heike kennen gelernt. Es war Liebe auf den ersten Blick gewesen. Quer durch den Raum hatten sich ihre Blicke getroffen, und Heike war sofort auf ihn zugekommen. Nils, der sonst nie die rechten Worte fand, war es gar nicht schwergefallen, sofort in ein Gespräch abzutauchen. So hatten die beiden das Fest schnell vergessen und die ganze Nacht geredet.

Von da an verbrachten Heike und Nils jede freie Minute des Tages miteinander. Das einzige Problem der beiden war, dass Heike auf dem Festland zu Hause war. Als die Zeit im Internat vorüber war, kehrte Nils zurück auf seine Insel. Sie schrieben sich zwar täglich, doch das konnte die Anwesenheit des anderen nicht ersetzen. Nils saß oft am Strand, starrte auf das Meer und wünschte sich, er könnte einfach seine Arme ausbreiten und zu Heike hinüberfliegen.

Wenn ich ein Vöglein wär
und auch zwei Flügel hätt,
flög ich zu dir.
Weil's aber nicht kann sein,
weil's aber nicht kann sein,
bleib ich allhier.

Wenn er abends in seinem Bett lag, war die Sehnsucht besonders schlimm. Er konnte Heikes weiche Haare fast spüren, ihren süßen Duft riechen und sich von ihrem Lächeln verzaubern lassen. Aber eben nur fast. Das Problem war, dass sie nicht wirklich bei ihm war. Erst wenn er irgendwann endlich die Augen schloss und in das Reich der Träume glitt, war sie bei ihm. Diese Träume waren so schön, dass es Nils sehr schwerfiel, am nächsten Morgen die Augen zu öffnen und aufzustehen. Viel lieber hätte er den ganzen Tag damit zugebracht, von seiner Heike zu träumen.

Bin ich gleich weit von dir,
bin ich doch im Traum bei dir
und red mit dir;
wenn ich erwachen tu,
wenn ich erwachen tu,
bin ich allein.

Manchmal wachte er nachts aus einem dieser schönen Heike-Träume auf. Dann ging er zu seinem Schreibtisch und vertiefte sich in die Liebesbriefe, die Heike ihm geschrieben hatte. Sie träufelte immer ein bisschen Parfüm auf das Briefpapier. Vor dem Weiterschlafen nahm er einen Liebesbrief mit ins Bett, drückte ihn an sein Herz und schloss die Augen. In seinen Träumen war Heike wieder bei ihm.

Es vergeht kein' Stund in der Nacht,
da nicht mein Herz erwacht
und an dich denkt,
dass du mir viel tausendmal,
dass du mir viel tausendmal
dein Herz geschenkt.

Wenn Nils heute einmal nachts wach wird, denkt er manchmal an diese Zeit zurück. Voll Dankbarkeit nimmt er dann seine Heike in den Arm. Auf dem Festland hatte Heike eine Lehre abgeschlossen und war danach zu ihm auf die Insel gezogen.
Mittlerweile haben die beiden eine kleine Familie, und Nils ist schon ganz gespannt, wie seinen zwei Kindern einmal die Zeit auf dem Festland gefallen wird. Ob sie dort auch ihre große Liebe treffen?

SPANNENLANGER HANSEL, NUDELDICKE DIRN

Gretchen und Hans treffen sich jeden Sonntagnachmittag im Haus ihrer Eltern – auch heute. Diese wöchentlichen Treffen finden statt, seitdem sie von zu Hause ausgezogen sind – das ist nun schon knapp vierzig Jahre her. Irgendwie hat sich im Laufe der Jahre daraus eine Tradition entwickelt, und beide möchten die gemeinsamen Sonntagnachmittage nicht mehr missen.

Anfangs besuchten sie ihre Eltern, weil ihre Mutter darauf bestand, ihre Kinder mindestens einmal in der Woche zu sehen und sie wenigstens an diesem einen Tag mit warmem Essen zu versorgen. Später behielten die Kinder diese Gewohnheit bei: Die gemeinsamen Sonntagnachmittage waren für Gretchen und Hans eine echte Ruhe-Oase in der sonst so schnellen und lauten Zeit des Alltags.

Ganz besonders sind den beiden die Nachmittage im Spätsommer im Gedächtnis geblieben. Ihre Mutter backte, wann immer es ging, Kuchen mit Birnen aus dem eigenen Garten. Dazu gab es frisch aufgebrühten Kaffee und Schlagsahne – ein Gedicht!

Spannenlanger Hansel,
nudeldicke Dirn,
gehn wir in den Garten,
schütteln wir die Birn'.
Schüttel ich die großen,
schüttelst du die klein',
wenn das Säckchen voll ist,
gehn wir wieder heim.

Gemeinsam sitzen sie nun auf der Terrasse. Es ist ein schöner Spätsommertag. Die Sonne blitzt durch die dichten Blätter des großen Birnbaums, der inmitten des langen Gartens steht. Vor ihnen stehen Teller mit selbst gebackenem Birnenkuchen. Gretchen hat Sahne dazu geschlagen. Die Kaffeebohnen für den Sonntagskaffee hat sie frisch gemahlen.
Hans isst ein Stückchen Kuchen, das er vorher in die Sahne gestippt hat: „Ein Gedicht!", sagt er mit einem Lächeln im Gesicht. Sofort liegt ein glückliches Strahlen in Gretchens Blick.
Schweigend genießen sie Kaffee und Kuchen. Dabei schweifen ihre Blicke immer wieder durch den Garten. Die Luft ist warm und hinterlässt ein schönes Gefühl auf der Haut.
Plötzlich sagt Hans: „Weißt du noch, wie wir als Kinder hier immer Fangen spielten? Oder wie ich mich vor dir in den Baumwipfeln versteckt habe?"
„Oh, ja", entgegnet Gretchen schnell, „und ich war doch viel kleiner als du! Du konntest immer schneller laufen und höher klettern als ich. Das fand ich ganz schön gemein. Aber einmal – daran erinnere ich mich noch gut! Einmal hat Vati mir schnell und heimlich eine Leiter an den Birnbaum gestellt. Ich war fast schneller oben als du. Deinen Blick hättest du sehen müssen, Brüderchen!"
Auch Hans erinnert sich an diesen Nachmittag. In Gedanken an die schönen Momente ihrer Kindheit trifft sein Blick wieder auf den Birnbaum.

Lauf doch nicht so eilig,
spannenlanger Hans!
Ich verlier die Birnen
und die Schuh noch ganz.

Trägst ja nur die kleinen,
nudeldicke Dirn,
und ich schlepp den schweren Sack
mit den großen Birn'.

Nach dem Tod der Eltern war Gretchen aus der Stadt wieder zurück in ihr Elternhaus gezogen. Sie konnte es nicht übers Herz bringen, das Haus zu verkaufen, und hatte sich in der großen Stadt sowieso nie ganz zu Hause gefühlt. Als ihre eigenen Kinder dann auch noch aus der Stadtwohnung in eine eigene Wohnung zogen, war es für sie keine Frage, wieder zurückzugehen.
Hans war ihr für diese Entscheidung sehr dankbar. Auch er hätte es nie übers Herz gebracht, das schöne Haus mit dem großen Garten zu verkaufen. Aber er mochte die Stadt, er hatte dort alles, was er brauchte, in der Nähe und konnte sich ohne Auto fortbewegen. Wieder zurück aufs Land zu ziehen, wäre ihm wahrscheinlich schwergefallen.
Aber natürlich hilft er Gretchen gerne ab und zu bei der Gartenarbeit. Wann immer es nötig ist, mäht er den Rasen, schneidet Bäume und Sträucher zurück oder streicht den Holzzaun. Gretchen kümmert sich um das Gemüse, die Rosen und zupft Unkraut. Nur um den dicken Birnbaum kümmern sie sich gemeinsam – so wie früher.

Spannenlanger Hansel,
nudeldicke Dirn.
Gehn wir in den Garten,
schütteln wir die Birn'.
Schüttel ich die großen,

schüttelst du die klein',
wenn das Säckchen voll ist,
gehn wir wieder heim.

Wenn sie dann gemeinsam im Garten beschäftigt sind, denken sie an all die Momente ihres Lebens, die sie hier erleben durften: die eigene Kindheit, das Erwachsenwerden, Birnenkuchen auf der Terrasse, Gretchens Kinder – wie sie ihre ersten Schritte auf der Wiese machten – und die großen Feste im Kreise der Familie.
Und ganz oft hört man dann zwischen den Rosen oder hinter Sträuchern immer wieder dieselbe Melodie …

Lauf doch nicht so eilig,
spannenlanger Hans!
Ich verlier die Birnen
und die Schuh noch ganz.
Trägst ja nur die kleinen,
nudeldicke Dirn,
und ich schlepp den schweren Sack
mit den großen Birn'.

WANDERN IM HERBST

Eine Liedergeschichte mit Wanderliedern

Hartmut trifft sich jeden Sonntag mit drei seiner Freunde im Sauerländer Wanderverein. Es gibt keinen Gipfel – zumindest nicht im Sauerland –, der den Freunden zu hoch ist. Wenn die vier einen Berg erklimmen, haben sie immer ein fröhliches Lied auf den Lippen.

Im Frühtau zu Berge wir ziehn, fallera,
es grünen alle Wälder, alle Höh'n, fallera.
Wir wandern ohne Sorgen
singend in den Morgen,
noch ehe im Tale die Hähne krähn.

Es gibt keinen Pfad, der den Freunden zu verschlungen ist. Hannelore, Hartmuts Frau, ist ein bisschen sauer, dass Hartmut schon wieder alleine mit seinen Freunden wandern geht. Sie hätte den Sonntag gerne gemeinsam mit Hartmut auf der Couch vor dem Fernseher verbracht. Als er trotzdem aufbricht, verabschiedet er sich mit einem Lied. Da kann Hannelore nicht anders als zu lächeln.

Muss i denn, muss i denn
zum Städtele hinaus,
Städtele hinaus,
und du, mein Schatz, bleibst hier.

Wenn i komm, wenn i komm,
wenn i wieder-, wiederkomm,
wieder-, wiederkomm,
kehr i ein, mein Schatz, bei dir.

Als Hartmut auf den Wanderparkplatz fährt, sieht er Otto, Fritz und Heinz schon von Weitem. Er ist der Letzte, der eintrifft. Alle haben ihre Wanderschuhe an, ihre Wanderrucksäcke auf dem Rücken und die Wanderhüte auf dem Kopf. Auch Hartmut beeilt sich, und die Gruppe ist schnell abmarschbereit.
„Warum wandert ihr eigentlich so gerne?“, fragt Fritz in die Runde.
„So richtig weiß ich es gar nicht“, antwortet Heinz. „Ich bin als Kind schon immer mit meinem Vater wandern gegangen. Schon damals hat es mir großen Spaß gemacht. Man erlebt die Natur. Man atmet die frische Luft ein. Es ist einfach herrlich!“
Otto nickt: „Ja, ich bin auch immer mit meinem alten Herrn mitgegangen.“
„Bei mir war es auch so“, stimmt Hartmut zu.

Mein Vater war ein Wandersmann,
und mir steckt's auch im Blut.
Drum wand're ich froh, so lang ich kann,
und schwenke meinen Hut.
Faleri falera,
faleri falera, ha ha ha ha ha ha,
faleri falera,
und schwenke meinen Hut.

Sie marschieren in einem flotten Tempo los. Die Herbstluft ist klar,

und das Laub ist bunt gefärbt. Fritz hat bei ihrem heutigen Ausflug die Führung und das Lesen der Wanderkarte übernommen.
„Wo geht es entlang?", fragt Otto nach einer Weile.
„Immer der Sonne entgegen!", antwortet Fritz.

Wer recht in Freuden wandern will,
der geh der Sonn' entgegen.
Da ist der Wald so kirchenstill,
kein Lüftchen mag sich regen.
Noch sind nicht die Lerchen wach,
nur im hohen Gras der Bach
singt leise den Morgensegen.

Auch an ein paar Feldern, auf denen gerade die Ernte eingefahren wird, kommen die Freunde vorbei.
„Jetzt ist Hochsaison in den Mühlen", sagt Helmut.
„Ja, da haben die Müller viel zu tun! Die haben bestimmt keine Zeit, wandern zu gehen", scherzt Otto.
Heinz stimmt an:

Das Wandern ist des Müllers Lust,
das Wandern ist des Müllers Lust,
das Wandern.
Das muss ein schlechter Müller sein,
dem niemals fiel das Wandern ein,
dem niemals fiel das Wandern ein, das Wandern.

Zufrieden setzen die Freunde ihre Wanderung fort und verabreden sich am Ziel schon für das nächste Wochenende.

DER HERBST BEGINNT

Eine Liedergeschichte mit Herbstliedern

Herr Lehmann macht einen Spaziergang. Das tut er jeden Morgen. Sein Weg führt ihn durch ein kleines Stück Wald. Als er die Bäume betrachtet, sieht er, dass die Blätter gelb und rot leuchten. Sofort kommt ihm ein Lied in den Sinn.

Bunt sind schon die Wälder,
gelb die Stoppelfelder,
und der Herbst beginnt.
Rote Blätter fallen,
graue Nebel wallen,
kühler weht der Wind.

Der Waldweg geht in einen Feldweg über. Ein Bauer fährt mit seinem großen Mähdrescher über das Feld. Es ist schon wieder so weit: Es ist Erntezeit. Heute Morgen im Radio hat Herr Lehmann gehört, dass die Bauern sich über zu viel Regen beklagten. Die Ernte falle deshalb nicht so gut aus. „Es ist einfach so", denkt Herr Lehmann. „Am Ende liegt es nicht am Menschen, wie die Ernte ausfällt."

Wir pflügen und wir streuen den Samen auf das Land,
doch Wachstum und Gedeihen steht in des Himmels Hand.
Der tut mit leisem Wehen sich mild und heimlich auf und träuft,
wenn heim wir gehen, Wuchs und Gedeihen drauf.

Ein kleines Stück weiter steht am Rande des Feldes ein großer Birnbaum. Die Birnen sind reif und sehen sehr saftig aus. Herr Lehmann entschließt sich, ein paar Birnen mitzunehmen. Seine Frau wird sich freuen. Als er klein war, hatten seine Eltern auch einen Birnbaum im Garten. Wenn er zusammen mit seinen Geschwistern die Birnen pflückte, sangen sie immer das Lied „Spannenlanger Hansel".

Spannenlanger Hansel,
nudeldicke Dirn,
gehn wir in den Garten,
schütteln wir die Birn.
Schüttel ich die großen,
schüttelst du die klein',
wenn das Sackerl voll ist,
gehn wir wieder heim.

Das Birnenpflücken hat Herrn Lehmann aufgehalten. Der Bauer hat seine Arbeit schon beendet. Er hat den Anhänger voller Korn und fährt damit zur nächsten Mühle.

Es klappert die Mühle am rauschenden Bach, klipp, klapp.
Bei Tag und bei Nacht ist der Müller stets wach, klipp, klapp.
Er mahlet das Korn zu dem kräftigen Brot,
und haben wir dieses, so hat's keine Not,
klipp, klapp, klipp, klapp, klipp, klapp.

Jetzt müssen Herr Lehmann und der Bauer sich aber wirklich beeilen. Ein Blick in den Himmel verrät, dass es bald regnen wird. Für den Bauern wäre es eine Katastrophe, wenn das frisch geerntete Korn nass würde.

Hejo, spann den Wagen an,
denn der Wind treibt Regen übers Land.
Hol die goldnen Garben,
hol die goldnen Garben!

Herr Lehmann ist froh, dass er noch trockenen Fußes zu Hause ankommt.

DAS HERBSTFEST

Zu dem Lied „Bunt sind schon die Wälder"

Julia und ihre Freundinnen Lea und Agathe wollten sich heute besonders hübsch machen. Schon am späten Nachmittag trafen sich die Mädchen bei Julia zu Hause, um gemeinsam zu überlegen, was sie am Abend anziehen sollten. Kleider sollten es sein, das war sicher. Und so brachte jede ihre schönsten Kleider mit. Bei Apfelschorle und selbst gebackenem Birnenkuchen veranstalteten sie eine kleine Modenschau. Die Mädchen fühlten sich wie berühmte Mannequins.

An diesem Abend sollte, wie schon lange ersehnt, endlich das alljährliche große Herbstfest im Dorf stattfinden. Das Herbstfest war für die drei das schönste Fest im Jahr. Wenn die Tage kürzer wurden, die Luft ein wenig frischer und die ersten Blätter sich verfärbten, war es so weit. Auch die Menschen aus den umliegenden Nachbardörfern kamen, um mit ihnen allen gemeinsam zu feiern.

Bunt sind schon die Wälder,
gelb die Stoppelfelder,
und der Herbst beginnt.
Rote Blätter fallen,
graue Nebel wallen,
kühler weht der Wind.

Julia, Lea und Agathe wollten sich in diesem Jahr so fein machen wie noch nie. Schließlich kamen auch die Jungen aus dem Nachbargymnasium zum Feiern. Ja, man konnte sagen, dass jede von

ihnen einen Schwarm hatte, für den sie sich besonders hübsch zurechtmachte. Um Punkt sieben waren die Mädchen fertig. Aufgeregt tranken sie ihre Schorle aus und machten sich auf den Weg zum Dorfplatz.
Da es doch ein wenig frisch war, zogen sie ihre Strickjacken an, knöpften sie aber nicht zu, damit man ihre Kleider noch sehen konnte. Die Luft war klar, und es duftete nach frischer Ernte. Der Dorfplatz war wunderschön geschmückt. Überall standen Tische und Bänke, die mit rotem Weinlaub verziert waren. Laternen mit sanftem Licht tauchten den Platz in eine angenehme Atmosphäre. Als sie eintrafen, probte gerade eine Musikgruppe für das Eröffnungskonzert.

Wie die volle Traube
aus dem Rebenlaube
purpurfarbig strahlt!
Am Geländer reifen
Pfirsiche, mit Streifen
rot und weiß bemalt.

Am Rand standen Fässer mit verschiedenen Weinsorten und Traubensaft. Nach der Eröffnungsrede des Bürgermeisters, die ihnen jedes Jahr länger vorkam, besorgte Julia für die drei Traubensaft und Zwiebelkuchen. Die Bänke füllten sich mehr und mehr, und die Musikgruppe fing an zu spielen. Immer wieder schauten Julia, Lea und Agathe sich nach den jungen Männern um, sahen aber keinen, den sie kannten und mochten. Und so fassten sie sich schließlich ein Herz und gingen allein auf die Tanzfläche. Sie wurden von ein paar Klassenkameradinnen begrüßt, die ihnen freundlich zuwinkten. Zusammen tanzten die Mädchen einen bunten Reigen.

Flinke Träger springen,
und die Mädchen singen,
alles jubelt froh!
Bunte Bänder schweben
zwischen hohen Reben
auf dem Hut von Stroh.

Zuerst waren die Mädchen ein wenig traurig, dass sie doch nicht ihrem Schwarm begegneten. Mit der Zeit vergaßen sie aber ihren Kummer. Sie genossen einfach das fröhliche Fest und die ausgelassene Stimmung. Ihre Eltern hatten ihnen diesmal sogar erlaubt, sich ein Glas Wein zu teilen, was sie natürlich gerne taten. Nach zwei Schlucken hatten sie jedoch genug und wandten sich wieder dem süßen Traubensaft zu.
Die Sonne war mittlerweile schon untergegangen, und der Mond strahlte in hellem Glanz. Zu später Stunde entschieden die Mädchen, nach einem letzten Tanz nach Hause zu gehen. Sie waren müde und, obwohl sie einen schönen Abend hatten, ein wenig enttäuscht. Nein – eigentlich waren sie doch sehr enttäuscht. So richtig wollte es aber keine von ihnen zugeben.
Ihren letzten Tanz wollten sie dennoch genießen! Sie tanzten so ausgelassen, dass ihre schönen Kleider nur so in der Luft herumwirbelten, und es machte ihnen sichtlich Freude.
Knapp vor dem Ende des Liedes sah Julia aus dem Augenwinkel vertraute Gesichter. Überrascht wandte sie sich um. Es waren die

Jungen vom Nachbargymnasium, die geradewegs auf die drei Mädchen zusteuerten …

Geige tönt und Flöte
bei der Abendröte
und im Mondesglanz;
junge Winzerinnen
winken und beginnen
frohen Erntetanz.

SCHNEEFLÖCKCHEN, WEISSRÖCKCHEN

Jule war gerade mit den Hausaufgaben fertig geworden. Sie setzte sich auf ihr Bett, kuschelte sich in ihre warme Decke und überlegte, was sie spielen könnte. Sie dachte daran, wie schön es im letzten Jahr im Winter gewesen war. Es hatte tagelang geschneit. Sie und die Nachbarskinder waren jeden Tag draußen, spielten im Schnee und fuhren Schlitten.
Sie schaute nach draußen und fragte sich, ob es in diesem Winter wohl wieder schneien würde.

Schneeflöckchen, Weißröckchen,
wann kommst du geschneit?
Du wohnst in den Wolken,
dein Weg ist so weit.

Jule nahm ihre Decke und stand auf. Sie ging zu ihrem Fenster und schaute hinaus in den Garten. Das Grün der Bäume war verschwunden, und sie fand, dass alles ziemlich trostlos aussah. Wie schön es doch im letzten Jahr ausgesehen hatte. Die weißen Schneeflocken hatten sich an die Fensterscheiben gesetzt und in der Sonne geglitzert. Wenn sie die kleinen Kristalle genau betrachtete, konnte sie kleine Figuren, Blumen und Blätter erkennen. Es war einfach wunderschön!

Komm, setz dich ans Fenster,
du lieblicher Stern,
malst Blumen und Blätter,
wir haben dich gern.

Sie ging die Treppe hinunter, zog sich Jacke, Schuhe, Schal und Mütze an und stapfte hinaus in den Garten. Sie betrachtete die Pflanzen, die so friedlich dastanden, als hielten sie Winterschlaf. Jule dachte sich, man müsse die Pflanzen auch zudecken, so wie sie selbst sich immer in ihre warme Decke kuschelte, wenn sie schlafen oder sich ausruhen wollte. Da fiel ihr ein, wie hübsch es im letzten Winter ausgesehen hatte, als alles, was im Garten wuchs, friedlich unter der Schneedecke schlief.

Schneeflöckchen, Weißröckchen,
deckst die Blümelein zu,
dann schlafen sie sicher
in himmlischer Ruh.

Und wie sie mit den Nachbarskindern zusammen Schneemänner gebaut hatte! Nach ein paar Tagen hatten sie eine große Schneemannfamilie gemacht. Jule wünschte sich so sehr, dass es wieder schneien würde. Sie ging durch den Garten und dachte an die wilden Schneeballschlachten, die sie in der hinteren Ecke des Gartens gemacht hatten. Was war das für ein Spaß gewesen!

Schneeflöckchen, Weißröckchen,
komm zu uns ins Tal,
dann bau'n wir den Schneemann
und werfen den Ball.

Auf einmal spürte Jule ein Kitzeln in ihrem Nacken. Sie drehte sich um, konnte aber niemanden entdecken. Dann schaute sie nach oben. Die ersten Schneeflocken kitzelten ihre Wangen!

DER PERFEKTE WEIHNACHTSBAUM

Eine Liedergeschichte mit Liedern über den Tannenbaum

Paul, Max und Papa Klaus machten sich auf den Weg, um einen Weihnachtsbaum für die Familie zu kaufen. Klein Frieda und Mama Christa blieben zu Hause und backten Weihnachtsplätzchen. Klein Frieda war schon acht Jahre alt, aber sie war nun mal die Kleinste unter den drei Geschwistern. Paul war zwölf und Max elf Jahre alt. Wie auch immer, die beiden backten lieber Plätzchen, als sich auf Baumsuche zu machen. „Das überlasse ich lieber euch, das ist ist Männersache!", sagte Mama Christa stets, wenn Klaus sie fragte, ob sie nicht doch mitkommen wolle.
Die drei „Männer" fuhren mit dem Auto zu dem Bauernhof, zu dem sie immer gefahren waren, um einen Weihnachtsbaum zu kaufen. Überzeugt davon, dass auch in diesem Jahr der richtige dabei sein würde, stürzte Papa Klaus sich ins Getümmel.

Der Christbaum ist der schönste Baum,
den wir auf Erden kennen.
Im Garten klein, im engsten Raum,
wie lieblich blüht der Wunderbaum,
wenn seine Lichter brennen,
wenn seine Lichter brennen, ja brennen.

Doch in diesem Jahr war einfach nicht der richtige Baum dabei. Der eine war zu groß, der nächste zu klein. Der übernächste war einfach zu breit für die Wohnung, cin anderer hatte zu wenig Zweige in der Mitte. Paul hatte bei Nummer 13 aufgehört mitzuzählen. Max hatte inzwischen schrecklichen Hunger und fing an, ziemlich nervenaufreibend zu jammern. Der Bauer hatte für solche Fälle Gott sei Dank immer ein paar Scheiben Christstollen in petto. Er bot Max eine an, und der griff dankend zu.

Dem Bauer war das Leid der drei nicht entgangen. Er sagte: „Für solch anspruchsvolle Baumkäufer wie euch habe ich noch ein paar meiner besten Stücke aufgehoben. Wenn ihr den kleinen Hügel dort hinaufgeht, findet ihr sie. Ihr müsstet den Baum allerdings selbst schlagen."

Papa Klaus war sofort überzeugt, dass sie dort den richtigen finden würden. Er lieh sich eine Axt vom Bauern aus und führte seine Jungs den Hügel hinauf. Und tatsächlich – schon nach kurzer Zeit fand er einen Tannenbaum, der seinen Vorstellungen entsprach.

Das Baumschlagen erwies sich allerdings als weitaus komplizierter und schwieriger, als er dachte. Kurzum – es dauerte weitere zwei Stunden, bis Klaus, Paul und Max endlich wieder zu Hause waren.

Klein Frieda schlief schon, und die Jungs schworen sich, dass sie im nächsten Jahr garantiert nicht wieder mitfahren würden.

Den Rest der Geschichte können Sie sich vielleicht selbst ausmalen. Papa Klaus aber war stolz auf seinen ersten selbst geschlagenen Baum …

O Tannenbaum, o Tannenbaum,
Wie treu sind deine Blätter!
Du grünst nicht nur zur Sommerzeit,
nein, auch im Winter, wenn es schneit.
O Tannenbaum, o Tannenbaum,
Wie treu sind deine Blätter!

Am nächsten Morgen war der ganze Ärger schon fast wieder vergessen. Es war der Heilige Abend. Klein Frieda war ausgeschlafen und recht munter, ihre großen Brüder brauchten etwas länger, um wach zu werden. Nach einem gemütlichen Frühstück machten sich alle an die Vorbereitungen für den lang ersehnten Abend. Alles war friedlich, die Geschwister zankten nicht, der Baum passte in den Christbaumständer, und der Kartoffelsalat für den Abend war Mama Christa wirklich gelungen – fand sie. Am späten Nachmittag ging die ganze Familie in die Kirche.

Als die Wohnzimmertür endlich zur Bescherung geöffnet wurde, hatten alle für ein paar Minuten nur noch Augen für den Weihnachtsbaum. So einen schönen Baum hatten sie wirklich noch nie gehabt. Sein Glanz erfüllte den ganzen Raum.

Am Weihnachtsbaum, die Lichter brennen,
wie glänzt er festlich, lieb und mild.
Als spräch er: „Wollt in mir erkennen
getreuer Hoffnung stilles Bild.“

Christa und Klaus waren sichtlich ergriffen von den leuchtenden Augen ihrer Kinder. Zum ersten Mal stürzten sich nicht alle auf die Geschenke, sondern hielten einen Augenblick inne. In Gedanken verbunden waren sie sich sicher – in diesem Moment war wahrhaftig Weihnachten!

Die Kinder stehn mit hellen Blicken,
das Auge lacht, es lacht das Herz.
O fröhlich seliges Entzücken,
die Alten schauen himmelwärts.

AUF DEM WEG ZUR KRIPPE

Eine Liedergeschichte mit Liedern rund um den Heiligen Abend

Jonas und seine Familie gingen wie an jedem Heiligen Abend am späten Nachmittag in die Kirche. Seine kleine Schwester Thea und er waren an diesem Nachmittag besonders aufgeregt. Nicht nur, dass sie jeden Moment das Christkind zu Hause erwarteten – sie durften in diesem Jahr auch beim Krippenspiel mitspielen. Thea hatte die dankbare und begehrte Rolle der Maria bekommen, und Jonas fühlte sich in dem Hirtenkostüm pudelwohl. Eifrig und durchaus konzentriert hatten sie an den Proben teilgenommen.
Während sie sich für die Kirche schick anzogen, gingen sie noch einmal die einzelnen Szenen und die kurzen Texte durch. Eigentlich konnte nichts schiefgehen, aber ihre kleinen Herzchen klopften trotzdem ganz schnell und laut. Doch als Jonas und Thea dann in der Kirche waren und dort den festlich geschmückten riesigen Weihnachtsbaum sahen, war die Aufregung verflogen. Er sah so wunderschön aus – die vielen Lichter, die liebevolle Dekoration, der Stall mit Ochs und Esel (die beiden waren gewiss aus Pappe) und die kleine Krippe mit Stroh, in der später das Jesuskind liegen sollte.
Thea und Jonas schauten, wo ihre Eltern sich hinsetzten, und gingen dann zu den anderen Kindern in die Sakristei, wo sie sich gemeinsam für das Krippenspiel umzogen. Die Orgel spielte das Eingangslied.

Zu Bethlehem geboren
ist uns ein Kindelein,

das hab ich auserkoren,
sein eigen will ich sein.
Eia, eia, sein eigen will ich sein.

… und das Krippenspiel begann. Der Priester las die Weihnachtsgeschichte vor, und die Kinder spielten, wie Maria und Josef nach Bethlehem aufbrachen, um sich zählen zu lassen. Wie sie keine Herberge fanden und das neugeborene Jesuskind in Windeln wickelten und in eine Futterkrippe legten. Als Theas Freundin Johanna mit ihren langen blonden Haaren als Engel schwebend von der Decke heruntergelassen wurde, war das für viele ein ganz besonderer Moment. Da waren nicht nur Johannas Eltern entzückt.
Der Engel verkündete den Hirten die frohe Botschaft, und die Hirten brachen sofort auf, um ihren neuen König zu begrüßen. Und damit hatte Jonas seinen großen Auftritt: Er war nämlich der erste Hirte, der das Jesuskind auf den Arm nehmen durfte.
Die Kinder ernteten kräftigen Applaus, und Thea und Jonas stand deutlich ins Gesicht geschrieben, dass sie sehr stolz waren, an diesem Heiligen Abend ein Teil der Weihnachtsgeschichte sein zu dürfen.

Stille Nacht! Heilige Nacht!
Alles schläft, einsam wacht
nur das traute hochheilige Paar.
Holder Knabe im lockigen Haar,
schlaf in himmlischer Ruh,
schlaf in himmlischer Ruh!

Als das letzte Lied zu Ende war, konnten die beiden an nichts an-

deres mehr denken als an ihren Weihnachtsbaum zu Hause. Ob das Christkind schon da gewesen war? Ob es ihnen Geschenke gebracht hatte? Ob es auch die „richtigen" Geschenke unter den Baum gelegt hatte?
Das Haus duftete nach frischer Tanne, alles war weihnachtlich geschmückt. Kurz bevor sie das Weihnachtszimmer betraten, lag immer etwas Geheimnisvolles in der Luft.
Dann ging endlich die Tür auf, und Jonas und Thea standen vor einem wunderschönen Weihnachtsbaum, der vor lauter kleinen Lichtern und glänzenden Kugeln von oben bis unten nur so glitzerte. Sie brauchte einen Moment, bis sich ihre Blicke von dem Baum lösen konnten.

O du fröhliche, o du selige,
gnadenbringende Weihnachtszeit!
Welt ging verloren, Christ ward geboren:
Freue, freue dich, o Christenheit!

Thea bekam endlich die Puppe, die sie sich schon so lange sehnlichst gewünscht hatte. Jonas hatte sich ein Steckenpferd gewünscht, mit dem er Ritter spielen konnte – und auch sein Wunsch wurde erfüllt. Die Eltern schauten mit stolzen und glücklichen Augen ihren Kindern beim Spielen zu. Thea und Jonas schliefen am späten Abend ganz schnell ein. Es war in jeder Hinsicht ein aufregender Tag für sie gewesen – ein ganz besonderer Heiliger Abend.
Frohe Weihnachten!